让孩子从国宝里
读懂**中国史**

写给青少年的
玉器档案

孙建华 著

天地出版社 | TIANDI PRESS

推荐序

幸得"写给青少年的国宝档案"这套书,读来颇为喜悦。这喜悦一方面是看到这套专门为青少年读者所做的图书顺利完成,另一方面是觉得这套书很有新意。毕竟对于现在的青少年来说,光有知识分享还不够,还要有真正有趣的内容才能吸引他们。

现在的青少年面对的诱惑实在是太多了,相比于游戏,书本的吸引力显然是不足的。如何让孩子们少玩游戏多读书呢?为这事,不仅家长们头疼,多年从事图书策划的编辑们也颇为头疼。要为青少年做书,不仅要先靠选题内容过孩子父母那一关,更要靠优质内容吸引青少年主动去阅读。

这套"写给青少年的国宝档案"在选题方面是很好的,它以"国宝"为总领,将青铜器、玉器、陶器、瓷器、金器、银器、古画、书法、碑刻、古籍都囊括其中,内容丰富自不必多说,还条理清晰,很适合青少年阅读。所以从这一角度来看,这套图书是很符合父母为孩子选购图书的需求的。

选题之外,这套书在内容框架上也有很多出彩的地方。由于每一册图书所选定的国宝分类不同,细分板块也会有所不同:在介绍青铜器国宝时,除了基本的档案信息,还有对国宝铸造工艺的介绍;在介绍玉器国宝时,除了对其选材造型的介绍,还有对其文化价值的介绍；古画、书法等也是如此，不单单局限于国宝本身，而是将知识内容扩展到更为广阔的范围，这对于青少年的知识扩充和思维发散都是很有帮助的。

做历史科普类图书，最重要的是对历史知识准确的把握，不能出现一丝一毫的偏差。书中的每一处文字都是经过细致考究、反复核对的，这便保证了这套图书的准确性和严谨性，虽说这是做图书的根本，但能做到如此优秀也是很不容易的。

很高兴能够提前读到这套"写给青少年的国宝档案"，简单翻阅之后，又细致看了一些内容，这套书确实是很值得推荐的历史科普类图书。希望现在的青少年能够多阅读这类图书，多了解中华优秀传统文化，多丰富自己的知识和阅历，做优秀传统文化的传承者和弘扬者！

中国人民大学历史系教授　何黎萍

序 言

在5000年甚至是更为漫长的中华历史长河中,埋藏着许许多多珍贵的文物国宝,这些国宝不仅自身具有极高的艺术价值,而且还含蕴着那个时代的文化特质。国宝之所以为国宝,并不因其价值连城,只因其身上镌刻着数千年来中华文化的印迹。

当今的青少年成长在互联网高速发展的时代,文化的价值让步于经济,这种潜移默化的影响虽然在当下还不明显,但在未来十年、二十年,甚至是更长的时间中,必然会显现。为了进一步发挥中华优秀传统文化的价值,不断提升当代青少年的文化素养、道德水平,近几年来我国出台了许多政策,要求在全社会广泛学习和传播中华优秀传统文化。

中华优秀传统文化的内涵十分广博,我们很难用特定的语言为其圈定范围,所以在介绍、宣传中华优秀传统文化时,不能宽泛地说"我们要传承中华优秀传统文化,我们要学好中华优秀传统文化",而是要从具体之处入手,从一个或几个方面去阐述、去介绍中华优秀传统文化。

我认为"国宝"便是一个很好的方面,那些度过了漫长时光直到今天依然留存的"国宝"可以说是中华优秀传统文化最杰出的代表。所以,我打算以介绍"国宝档案"的形式,来为当代青少年讲述一些中华优秀传统文化的内容，正因如此，才有了这套"写给青少年的国宝档案"图书。

本套图书是专为青少年读者策划的国宝知识大百科，包括《写给青少年的青铜器档案》《写给青少年的玉器档案》《写给青少年的陶瓷器档案》《写给青少年的金银器档案》《写给青少年的古画档案》《写给青少年的书法·碑刻·古籍档案》六册内容。

本套图书在框架设计上，从各类国宝的基础简介出发，细致介绍了发现国宝的经过、国宝背后的故事，最后以国宝的艺术及文化价值收尾，内容丰富、条理分明，为读者完整讲述了与国宝相关的人、事、物。透过本套图书，青少年读者既可以了解有趣的国宝故事，又能感受中华优秀传统文化的魅力以及中华文明的博大精深。

中华文明源远流长，那些巧夺天工的文物国宝是中华文明长河中的闪烁繁星，它们背后是深厚的历史文化积淀和中华民族精神。希望这套"写给青少年的国宝档案"，能够为当代青少年打开学习中华优秀传统文化知识的大门，帮助他们更好地了解中华优秀传统文化，感悟中华民族精神。

红山文化"C"字形玉器
"中华第一龙" / 008

体形硕大的玉琮之王
良渚玉琮王 / 016

纹饰精美的玉制礼器
三星堆玉璋 / 022

工艺精湛的汉朝玉片衣
西汉刘胜金缕玉衣 / 030

神秘的唐代俏色玉雕
镶金兽首玛瑙杯 / 036

玉中藏玉
宋真宗禅地玉册 / 044

元代杰作镇国玉器之首
渎山大玉海 / 050

构思巧妙的青玉杯
"子刚"款青玉合卺杯 / 056

工艺繁复的大型玉雕
青玉大禹治水图山子 / 062

价值连城的乾隆玉玺
乾隆青玉螭龙玉玺 / 068

艺术瑰宝
秋山行旅图玉山 / 076

象征吉祥的珍宝玉如意
白玉嵌百宝九桃牡丹福寿如意 / 082

镇院之宝
翠玉白菜 / 088

红山文化"C"字形玉器
"中华第一龙"

国 宝 档 案

国宝年代：新石器时代红山文化

规格：高 26 厘米

出土年代及地点：1971 年出土于内蒙古自治区赤峰市翁牛特旗赛沁塔拉

收藏场所：中国国家博物馆

国宝出土

1971 年秋的一天，内蒙古自治区赤峰市翁牛特旗赛沁塔拉村村民张凤祥在村北山岗修梯田时，突然挖到一个黑乎乎的东西，这东西质地非常坚硬，约有 1000 克重，看上去像个铁钩子。张凤祥觉得有趣，便找了个绳子将其拴起来，送给弟弟当玩具。

过了几天，张凤祥忽然发现，这个铁钩子般的物件已经被弟弟拖成了墨绿色，形状像蛇又像龙。张凤祥立刻将它拿起来，放到太阳底下一照——这块龙形物件竟然散发出了诱人的墨绿色光泽。

这东西不一般！张凤祥激动地想。他立刻将这件奇怪的物件带到翁牛特旗文化馆，请工作人员帮忙看看这是什么。可是，当时的工作人员也不能断定这物件的年代与价值，只能判断出这物件是玉器，并将其当作普通文物封存起来。

▲ 新石器时代　红山文化　玉龙

"C"形玉龙为红山文化的祭祀礼器，被称为"中华第一龙"。

▲ 新石器时代 红山文化玉猪龙

这件玉器出土于赤峰市敖汉旗红山文化遗址，它体形较小，酷似玉玦，考古学界称之为"猪龙形玉玦"或玉猪龙。

到了1984年，参与牛河梁遗址考古的队员在赤峰市挖掘了一座5000年前的红山文化古墓。令人意想不到的是，古墓主人的胸部摆放了两件精美的玉器——玉猪龙，而玉猪龙竟然与张凤祥发现的玉器非常相似！

消息传出后立刻引起了很大的轰动，经我国著名考古学家苏秉琦教授确认，张凤祥发现的玉器——红山文化"C"形玉雕龙，正是与牛河梁玉猪龙一样珍贵的文物。该玉器由于造型精美，材料讲究，年代久远，且是中国首次发现的

先进工艺

红山文化"C"形玉雕龙通体墨绿,龙首短小,龙吻紧闭,且微微前伸上噘,鼻端截平,两个对称的圆洞为鼻孔。龙额及颚底刻有细密的方格网状纹,身上大部分地方则光滑无纹。龙之长鬃超过整个龙体的三分之一,约有21厘米。玉雕龙的重心位置有一圆孔,

▼南宋　佚名　《盘龙图手卷》

龙是中国最大的吉祥物,古人认为若是有龙出现,必会天下太平;若是天上的云彩呈现龙的形状,百姓还会顶礼膜拜。此卷主体为双龙戏珠,色彩明丽,动感十足。

◀ 南宋　陆信忠
《十六罗汉·降龙》

此图中降龙罗汉的形象十分特殊和有趣，图下方有两条飞舞的龙，围绕一个宝珠张牙舞爪，罗汉紧张地攀于岩石旁的树上，两眼圆睁，惊恐万状，具有院体风格，情景交融，独具特色。

▲ 新石器时代　红山文化　牛首玉人　　▲ 战国时期　玉龙纹觹

此玉人是一个抽象的玉雕造型，头部像动物，长有长长的特角，呈一种蹲坐的姿态，双手放于膝盖，全身以黑黄绿色为主体，形成天然色彩纹饰。

台北故宫博物院藏。长9.9厘米，宽2.4厘米，白玉透褐黄，色纯而温润，刻成侧身龙形，尾端尖而卷，眼、耳间穿一小孔，便于悬挂、佩戴。全器形态流畅婉约，器身外缘阴线刻出外廓，刻工细腻，属战国时期的精品。

▲ 西汉　龙纹玉牒形佩　　▲ 清　青玉咬尾龙形玉镯

台北故宫博物院藏。高8.45厘米，青白玉色泽，主体心形，中心有一个大圆孔。表面阴线细刻云气纹，两侧镂空雕刻一龙一凤，属西汉典型的牒形佩风格。

台北故宫博物院藏。玉镯是一对，为青玉材质，青色玉间杂着黄褐色块斑，全器作龙吐珠以首尾围圈相接而成。外壁琢浅浮雕夔龙首，龙身饰数朵云纹，精致细腻。

▲ 皇帝龙袍

古代帝王为了更好地统治百姓，以真龙天子自诩，并在其穿着的衣服上绣上九条龙，因此皇帝穿的衣服称为"龙袍"。龙袍经过演变，主体颜色由红、黑逐渐变成黄色。黄色比其他颜色更具有高贵不可攀的气势。

如果将绳子穿过圆孔将其悬挂，则其头尾恰好处在同一水平线上。

红山文化"C"形玉雕龙所使用的玉雕工艺，是我国古老的雕刻工艺之一。早在公元前5000年的河姆渡文化时期，中国就已经出现了玉雕工艺制成的玉器。玉雕是中国独有的先进工艺，且不同朝代有不同的雕刻手法与流派。红山文化"C"形玉雕龙是多种动物特征的组合，从玉雕龙的形状来看，其造型主要来源于野猪、熊和马等动物。

红山文化遗址出土的这件玉雕龙，可上溯至 5000 年前，无鳞、无鳍、无足、无爪、无角，与今日的五爪金龙形象大相径庭。从艺术表现手法上看，红山文化"C"形玉雕龙以"三分实，七分虚"的形象展示在众人面前，这与龙的神秘特点相吻合。

龙的含义

玉雕龙的形象带有浓厚的幻想色彩，可见，早在 5000 年前，古人对龙的形象就已经有了较为成熟的思考设计。

龙，自上古时代便被中华民族视作崇高神异的生物。相传，龙为鳞虫之长、万兽之王，掌管行云布雨，是代表祥瑞的神兽。而它究竟是否存在，则是中国文化史上的谜团之一。作为一种文化图腾，龙被赋予了浓厚的象征意义。在中国，龙文化是相当丰富的。

原始社会生产力低下，在残酷恶劣的环境中，人们尚不具备支配自然的能力，于是，对自然界的畏惧、憧憬与幻想就成了图腾文化形成的基础。

龙图腾形成的时间可上溯至伏羲时代，伏羲部落的图腾是蛇，而龙又被看作蛇的衍生种。

古书根据传说这样记载：伏羲氏是神话中人类始祖，在位 150 年，传 15 世。在发展壮大后，伏羲氏便沿着渭河谷地进入关中，而伏羲氏的活动区域也大体与仰韶文化古遗址的分布区域相吻合。可见，龙由蛇图腾转化而来的说法是有一定道理的。

体形硕大的玉琮之王
良渚玉琮王

国宝年代：新石器时代良渚文化

规格：高 8.9 厘米，重约 6.5 千克，射口直径 16.5～17.6 厘米

出土年代及地点：1986 年出土于浙江省余杭县（今余杭区）反山 12 号墓

收藏场所：浙江省博物馆

国宝出土

1986 年，考古人员着手发掘良渚遗址的反山墓地。随着文物一件一件出土，考古人员开始激动起来。原来，反山墓地出土了许多玉器，这些玉器不仅造型精美，而且保存得很好。其中，有一件最惹人注目的玉琮，它外方内圆，重约 6.5 千克，上刻兽面神人"神徽"，其因体形硕大，纹饰繁缛，故而得名"玉琮王"。

"玉琮王"一经出土，便受到了业界的广泛关注。要知道，反

体形硕大的玉琮之王：良渚玉琮王

▲ 新石器时代良渚文化　玉琮

▶ 玉琮局部图　兽面神人

山墓地出土了1200余件（组）文物，其中玉器占了90%以上，"玉琮王"何以在众多玉器文物中获得最高等级的评价呢？这还要从这件文物本身说起。

在良渚先民看来，玉象征着王权，因而人们便以玉来祭祀神灵。《周礼》有"黄琮礼地""璧琮以殓尸"的记载。可见，玉琮在当时常被作为礼器。

这件玉琮上刻有"神徽"，造型如同一个头戴羽冠的神像。关于"神徽"纹样，大部分人认为它代表了"良渚王"。最重要

▲ 佚名 《西湖清趣图》（局部）

杭州是良渚文化的遗址所在地,画中景致应是时人依据早年粉本,对南宋西湖实景的真实呈现,具体年代不详。

的是,"玉琮王"出土时,其位置是在墓主头骨的左上侧,可见对墓主来说这件玉琮的重要性。

先进工艺

追溯中国玉器的历史,我们可从距今 5000 余年的新石器时代一窥端倪。1986 年余杭反山 12 号墓中的良渚"玉琮王"是新石器时代玉器的代表之作,其工艺精湛,用料讲究,极具特色。

这件良渚"玉琮王"由软玉制成,为白玉质地,有浅黄带紫红色瑕斑分布。其边棱处隐起的兽面神人像眼圆、嘴阔,头上有冠状装饰,画风较为写实。玉琮的纹饰对称工整,匠心独具,其工艺为浅浮雕装饰工艺配以线刻技艺,单是这一工艺便让后世望尘莫及。

在后世玉器制作中,手工艺人大多会以金属工具雕刻玉器,可良渚玉器的琢治则是使用竹片、石英颗粒、鲨鱼牙等较为坚硬的非金属工具制作完成的,可见良渚手工匠人的技艺精湛,也足以表现良渚"玉琮王"工艺的巧夺天工。

文化内涵

玉琮是我国古代重要礼器之一,以良渚文化的"玉琮王"最为出名。玉琮,又被后世称作"辋头",主要作为祭祀中的礼器,或作为身份尊贵之人的殉葬品使用。自从良渚玉器大量出土后,玉琮又有了新的身份,即古代巫师在通天地、祭鬼神之时使用的

▲ 良渚文化早中期　镂空神灵动物面纹玉饰

良渚文化玉器上的花纹以兽面纹最具特色，兽面纹主要饰于大墓中随葬的玉琮及各种玉饰上。

法器，这使玉琮又多了一层原始巫术色彩。

经考证，玉琮的功能与文化内涵主要有二。

其一，玉琮与玉璧、玉圭、玉璋、玉璜、玉琥并称"六器"，是我国古代重要的礼器之一，主要是统治阶层在祭祀大地时使用。同时，玉琮的造型为外方内圆，似为印证"璧圆象天，琮方象地"的道理，因此玉琮也成了巫师们用来通灵的法器，以镇墓压邪、殓尸防腐、避凶驱鬼。

其二，玉琮象征着财富与权力。无论是余杭县反山墓地，还是三门峡虢国墓地，其墓主生前都是非富即贵之人。有玉琮出土的墓葬规格都很高，其随葬品也相当丰富。这种墓的主人多为男性，玉琮便是他们财富与权力的象征。

总之，玉琮与礼仪密切相关，有玉琮随葬的人，除却部落酋长外，也只有大祭司、巫师之类的上层社会人士了。

 纹饰精美的玉制礼器
三星堆玉璋

国宝年代：商代
规格：通长54.2厘米，宽8.8厘米，厚0.8厘米
出土年代及地点：1986年出土于四川省广汉县（今广汉市）三星堆二号祭祀坑
收藏场所：三星堆博物馆

国宝出土

  三星堆遗址位于四川省广汉市西北的鸭子河南岸，距今约4500—2800年，是迄今为止在我国西南地区发现的延续时间最长且文化内涵最丰富的古蜀文化遗址。三星堆遗址的发现证明了长江流域古老文明的存在，被誉为"20世纪人类最伟大的考古发现之一"。

  1986年，考古人员在三星堆遗址发现了两处祭祀坑，其中一

号坑出土了青铜人头像、龙柱形器和金杖等青铜文物,二号坑除了青铜器,还出土了大量玉器,其中以玉戈和玉璋最为出名。

三星堆遗址二号坑出土的玉璋样式别致,雕刻有精美独特的图案纹饰。这一玉璋的出土,为我们研究古蜀宗教祭祀礼仪提供了重要帮助。

▲ 商　玉璋

二号祭祀坑出土的这件玉璋是三星堆玉器中最有代表性的极品文物。

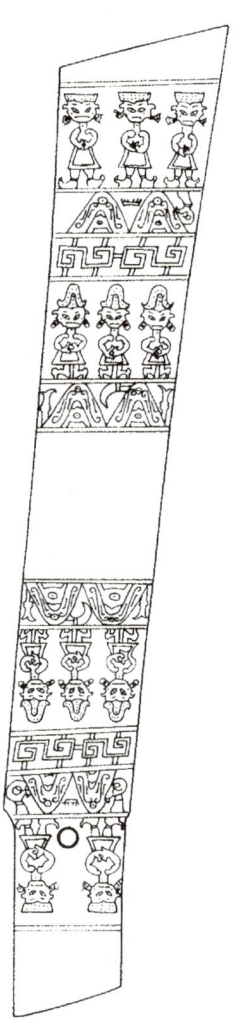

▲ 商　玉璋图案

玉璋器身两面线刻有祭祀图案，图案分上下两幅，正反相对呈对称布局，表现了庄严隆重的祭祀场面。

先进工艺

三星堆出土的玉璋器身所刻图案分为上下两部分，大致上是正反相对的。

玉璋上下两部分的图案都由五组构成。从上往下第一组为3个双脚外撇呈一字形的站姿人像，他们头戴平顶冠，冠上刻有刺点纹，耳朵上佩戴成套的铃形耳饰，身穿无袖短裙，足穿翘头履，双拳相抱，置于腹前，似做宗教祭祀状，其动作形象被雕刻得极为精细。

第二组是两座大山，山峰上有云气纹，山腰处也有特别的斜线，山顶内部的圆圈则被认为是太阳的符号。两山之间有一个像船形的特殊符号，右边大山的外侧像是有一人手握拳头，将拇指按在山腰上。

第三组是S形几何图案。

第四组是 3 个头戴穹隆形帽，跪坐在地上的人像，耳朵上还戴着双环相套的耳饰。这些人身穿无袖短裙，两拳抱于腹前，动作与第一组人像相同。有学者猜测，这个造型的人形纹饰很可能与三星堆特有的宗教文化有关。

最后一组也是两座大山，山的内部结构与第二组大体相同，不同的是这组两山之间有钩状物雕刻，两座山的外侧各有一枚牙璋，每一枚牙璋上面都清晰地雕刻出了齿状扉棱。

下部图案的内容构成与上部图案大致相同。据专家推测，可能是由于玉璋底部空间有限，下部底端图案的站立人像由三人变成了两人。

玉璋文化

璋是我国古代最重要的礼器之一，常用于古代贵族举行祭祀，或其他重要仪式或活动中。

礼器产生于原始社会晚期，发展到商周时，逐渐成为"礼治"的象征。这

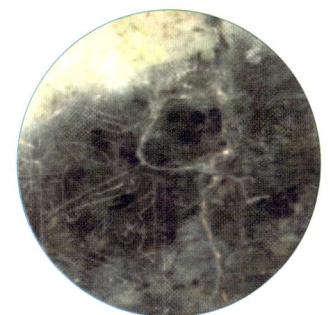

▲ 商　玉璋（局部）

▲ 商　祭山图玉璋

收藏于三星堆博物馆。该玉璋呈长条形，器形较小。身宽大而尾部窄长，前端宽薄，尾端厚而窄，身两侧微微内收。前端叉形刃向两侧展开，多齿状扉棱在器身两侧展开，就像张开的翅膀，极为美观漂亮。

▲ 商　玉璋

收藏于三星堆博物馆。此玉璋器形较小，身宽大而邸窄长，前端宽薄，尾端厚而窄，身两侧微微内收。身前端叉形刃向两侧宽出，刃较锋利。身部两侧有齿饰，共长6.2厘米。

▲ 商　玉璋

收藏于三星堆博物馆。该器制作精美，器身呈鱼形，两面各刻有一个牙璋图案，在刃部张开的"鱼嘴"中，镂刻有一只小鸟。鱼形璋是蜀地特有的器型，鱼鸟合体寓意深刻，可能与古史传说中的古蜀王鱼凫有关。

一时期的礼器多为青铜器和玉器，玉制礼器作为一种贵重礼器，不仅选材极为讲究，对造型纹饰的要求也十分严苛。

玉制礼器主要有琮、璧、圭、璋、琥、璜等。玉璋与玉圭的外形十分相似，《说文解字》中提到"半圭为璋"，意为玉璋是玉圭上垂直切成一半的器物。因此，玉璋通常整体为扁平的长方体，且一边为斜刃，另一边有一个穿孔。

在我国史前玉器中，玉璋是分布较为广泛的玉器之一。以中原地区为中心，从山东到陕北，西南到四川，甚至香港等地都有各式各样的玉璋出土。

我国目前发掘的玉璋中，最早的是出土于新石器时代晚期山东龙山文化司马台遗址的3件玉璋。大约在4000年前，山东龙山文化中的玉璋文化逐渐传入黄河流域的各个地区，包括陕西、甘肃的西南地域，这种传播很有可能是伴随着上古氏族群的扩展而产生的。

除此之外，也有人认为玉璋与伏羲氏（或者是神农氏）所创的《连山》有关。《连山》是我国第一部易书，也是"三易"（《连山》《归藏》《周易》）之首，因以"艮卦"为首，如绵延山脉而得名，这与三星堆玉璋的纹饰特征是十分相似的。

关于三星堆玉璋的纹饰内容，有学者猜测是在描述古代的"诺亚方舟"；也有学者认为，图案中的人物造型像是古人在举行某项神秘的祭山活动；另外还有学者认为，玉璋器身的图案是在描述大禹治水的事件。

▲ 宋 赵伯驹（传）
《禹王治水图》

此画卷为青绿描金，现藏于台北故宫博物院。其主题内容为大禹采用凿岭开山、决江济川的疏导方式治理水患的故事。

工艺精湛的汉朝玉片衣
西汉刘胜金缕玉衣

国宝年代：西汉

规格：全长 188 厘米，玉片 2498 片，金丝重约 1.1 千克

出土年代及地点：1968 年出土于河北省保定市满城县（今满城区）陵山"满城汉墓 1 号墓"

收藏场所：河北博物院

国宝历史

1968 年 5 月，解放军某部接到上级命令，前往河北省满城县西南方向 1.5 千米处的陵山，进行一项绝密的国防工程。这些年轻的解放军战士谁都没有想到，正是这次施工，让他们无意间揭开了一个千古之谜。

当时，战士们正在进行爆破，可让大家奇怪的是，爆炸声响过后，这一朝东的地带并没有像其他地方一样崩下来大量石头。

正当大家面面相觑时,一名走在前面的战士突然陷到地下,等他反应过来之后,才发现自己面前竟然有一个黑漆漆的洞口!

几天之后,一份标着"绝密"的报告出现在河北省领导的办公桌上。领导沉思片刻,决定派遣文物研究专家前去一探究竟。就这样,洞中标有"中山内府"铭文的大量文物得以出现在人们面前。而这个黑漆漆的洞穴,则被考古工作者命名为"满城汉墓1号墓"。

"满城汉墓1号墓"的布局,就像一座汉代诸侯王的宫殿。1968年6月27日,联合考古发掘队正式对其进行了挖掘与清理。在后室中,专家们发现了一些散落的玉片,这些玉片引起了大家的注意。几名考古队员加快了清理工作,没想到,这些玉片下面竟然出现了一件用金丝连缀着玉片且类似于铠甲的东西,这便是著名的金缕玉衣了。

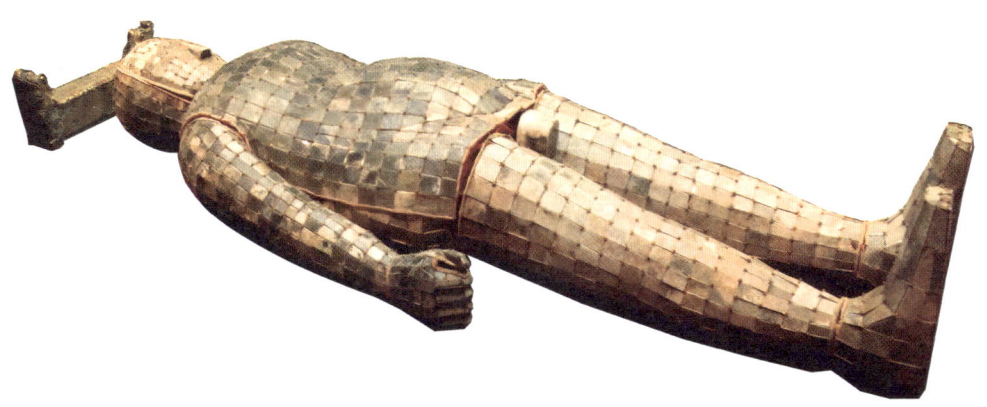

▲ 西汉　刘胜金缕玉衣

该玉衣为岫岩玉制作,用金丝将玉片编缀而成,整体主要分为头罩、上衣、手套、裤筒和鞋五部分。这是我国考古发掘中出土年代最早最完整的玉衣。

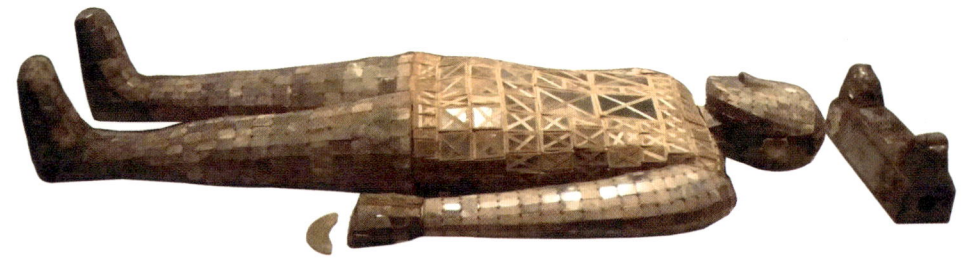

▲ 西汉　窦绾金缕玉衣

全长 1.72 米，玉片为岫岩玉，多数呈纯绿色，夹有灰白、黄褐色。玉衣分为五部分，由 2160 片玉片、约 700 克金丝组成。玉衣形式与刘胜墓的相似，头下有鎏金镶玉铜枕。

先进工艺

从外观上看，金缕玉衣的造型与人体很接近，要制成这样一件"衣服"需要耗费大量金、玉，也需要极高的工艺技巧。

金缕玉衣上衣由左袖筒、右袖筒、前片、后片构成，裤子则由左裤筒、右裤筒构成。难能可贵的是，中山靖王刘胜这件金缕玉衣有玉眼盖、玉鼻塞、玉耳塞和玉口琀等部分，在细节处做得非常好。金缕玉衣的颈下缀有玛瑙珠 48 颗，全衣披金挂玉，每块玉片都有严格的规制，且都需要磨光和钻孔。玉片的角上穿孔，再用特制的金丝穿起来。

西汉时期距今 2000 余年，以当时的生产水平，制成这样一套金缕玉衣需要花费一个手艺纯熟的工匠 10 余年时间。墓主

▲ 西汉　刘胜金缕玉衣（局部）

人这套精美绝伦的玉衣，为人们展示了汉朝玉雕工艺极为精湛的一面。

玉石防腐法

金缕玉衣在战国末期便有了大致雏形，而在历代史书中，则以汉代史书描述得最为频繁。古人相信，玉不仅能作为权力与财

◀明　佚名　《帝鉴图说·蒲轮征贤》插图

汉武帝喜好儒术，赵绾、王臧荐举他们的老师申公，说申公的学问更高。于是汉武帝遣使征聘，让使者驾一辆安车并用蒲草裹住车轮前去迎接，用币帛一束，另加玉璧，作为聘礼。以玉求贤，可见玉美好的内涵与崇高的地位。

富的象征，还能令活人益寿延年，令尸骨保持不腐，以玉殓葬，可求来世再生。

西晋葛洪在《抱朴子》中提到："金玉在九窍，则死人为之不朽。"意思是说用金玉塞住逝者的九窍，可以让尸骨不腐。所以，在皇族贵族的陪葬品中，可以看到许多玉器。

除了金缕玉衣，玉琀、玉握、九窍塞、玉枕、玄璧和镶玉棺等都是用来防腐的。玉琀又叫"饭琀"，需要放入死者口中。各朝各代的玉琀造型都不一样，主要有玉蝉、玉蚕、玉鱼、玉牛等，而九窍塞则是将死者的九窍（双眼、双耳、两鼻孔、嘴、肛门和生殖器）用玉石堵住，旨在防止人体精气外泄，从而让尸骨不腐不朽。

神秘的唐代俏色玉雕
镶金兽首玛瑙杯

国宝年代：唐代

规格：高 6.5 厘米，长 15.6 厘米，口径 5.6 厘米

出土年代及地点：1970 年 10 月出土于陕西省西安市南郊何家村

收藏场所：陕西历史博物馆

国宝出土

1970 年 10 月 5 日，工人们正在陕西省西安市南郊何家村的施工现场挖地基，挖到距地面 80 厘米的地方时，一个陶瓮突然出现了。工人们好奇地围了过来，几乎所有人都认为——这陶瓮里肯定有宝贝。

可是，当陶瓮被打开，里面的宝贝展现在众人面前时，大家却忍不住咋舌。人人都知道，陕西地下埋的宝贝都是文物，所以

神秘的唐代俏色玉雕：镶金兽首玛瑙杯

这些宝贝没人敢动，而是统统上交给了当时的陕西历史博物馆。后来，考古专家以陶瓮出土地为圆心继续发掘，在北侧又发掘出了一个同样大小的陶瓮，以及一个精巧的小银罐。在这个小银罐中，有一个异常精美的杯子，这便是镶金兽首玛瑙杯了。

"我认为这件国宝一定是和异域有关的，不是产自我国，应该和丝路有关。"玛瑙杯出土后，一位专家提出自己的看法。因为中国所产的玛瑙大多为白色、黄色与浅青色，很少有红色的玛瑙。可是，这件玛瑙杯却是用五彩缠丝玛瑙制成，这种玛瑙多产自中亚、西亚地区。而且，中国玛瑙杯很少做成兽首的样子，反而是古希腊、波斯等地，喜欢用兽首造型制作杯子。

据《旧唐书》记载，大康国曾于开元十六年，也就是 728 年，

▲唐　镶金兽首玛瑙杯

▲ 唐　玛瑙花瓣盏托

▲ 宋　玛瑙带托葵花式小碗

▲ 明　玛瑙山茶洗

向唐朝进贡了一件兽首玛瑙杯。不过,并不能确定这件记载于书中的杯子就是从何家村出土的这只。由于1000多年前的大康国就位于今天的乌兹别克斯坦一带,所以,这件兽首玛瑙杯的身世之谜,还是很有希望解开的。

先进工艺

唐代的镶金兽首玛瑙杯做工精巧,造型别致,是唐代玉器中难得一见的佳品。这件玛瑙杯上的牛形

▲ 清　玛瑙杯

▲ 清　鹤形玛瑙盒

▲ 唐　阎立本　《职贡图》（局部）

该画描绘的是唐太宗时期,婆利国、罗刹国、林邑国等派人千里迢迢前来进贡各式珍奇物品的情景。

兽首上双眼圆瞪，耳朵肥大，头生双角，双目炯炯有神地直视远方，仿佛有生命一般，让人望而生敬。

制作兽首玛瑙杯的匠人心思巧妙，运用了俏色技法，将兽首的双眼刻画得惟妙惟肖，黑白分明。兽首上的肌肉线条流畅，两只角粗壮有力，两只耳朵高高竖起，仿佛在聆听世间的声音，整件作品显示出强烈的动态美。

这件兽首玛瑙杯通身为五彩缠丝玛瑙，唯有兽嘴做了镶金的工艺处理。兽嘴处玛瑙色泽过深，颜色稍显暗淡，但镶金后的兽嘴金光闪闪，熠熠生辉，夺人眼球，这展现了匠人在审美方面的极高造诣，也让整件玛瑙杯的造型之美更加突出。

▼唐　韩幹　《胡人呈马图》（局部）

唐朝时期，国力强盛，与西域诸国交流频繁。牵马人两腮长有胡须，体格高大肥壮，为胡人相貌。图中马匹比例准确、神骏雄健，属来自西域的品种。

文化内涵

镶金兽首玛瑙杯是至今为止发现的唐代玉雕中唯一一件俏色玉雕,也是唐代玉雕工艺品中做工最为精湛的一件。镶金兽首玛瑙杯是国家珍宝,也是当时的重宝,它象征着王权与财富,是一件集艺术与政治于一身的艺术品。

目前,专家对镶金兽首玛瑙杯的身世猜测主要有二。

其一,这件镶金兽首玛瑙杯是由中亚或西亚的某个国家制造,并以"国礼""贡品"的形式进献给唐朝的。

其二,这件镶金兽首玛瑙杯是由唐代本土工匠参考外国工艺制作,或是由唐代本土工匠与外国工匠共同制作的。

无论这件镶金兽首玛瑙杯的身世如何,它都是东西方文明碰撞的结晶,也是在文明碰撞火花中诞生的重要文物。由于镶金兽首玛瑙杯的意义重大,国家文物局将其列入《首批禁止出国(境)展览文物目录》,进行极为严密的保护。

玉中藏玉
宋真宗禅地玉册

国宝档案

国宝年代：宋代

规格：长29.5～29.8厘米，宽2厘米

出土年代及地点：1931年出土于山东省泰安市泰山脚下的蒿里山

收藏场所：台北故宫博物院

国宝历史

1931年，国民党将领马鸿逵在泰山脚下的蒿里山发现了两套玉册，或许是害怕被别人发现，马鸿逵很少对外提及自己发现玉册之事。1949年，马鸿逵兵败西北后来到台湾，后又去到美国，随他一起抵达美国的除了家人，还有一个神秘的箱子。

在美国生活了20多年后，马鸿逵在洛杉矶一家医院病逝。离世之前，他将一把保险柜的钥匙交给自己的四姨太。在马鸿逵病逝的第二年，他的四姨太在保险柜中取出了多年前的那个神秘箱子，在回到台湾后，将其作为礼物赠送给蒋介石。

蒋介石叫来了一些考古学者，与自己一同开箱查验。随着箱子的上盖被揭开，一套玉器出现在众人眼前。通过玉器上的"开元""隆基"字样，考古学者判断这正是多年前马鸿逵在泰山蒿里山发现的"唐玄宗封禅玉册"。

考古学者们欣喜不已，但更让他们惊喜的事情还在后面。在取出唐玄宗封禅玉册后，众人发现这个箱子中还有一个夹层，在

▲ 宋　宋真宗禅地玉册

▲ 宋　佚名　《宋真宗坐像》

夹层下面放着一套更加完整、更为精美的玉册。这套玉册上写着"臣恒""大中祥符"字样。这"大中祥符"正是宋真宗的年号，而"恒"则是宋真宗赵恒的御名。经过考古学者确认，这套北宋时期的玉册正是宋真宗封禅玉册。

现在，这套宋真宗禅地玉册被收藏在我国台湾的台北故宫博物院之中，虽不及翠玉白菜那般惊艳，但也是极为珍贵的文物。

先进工艺

宋真宗禅地玉册采用青白色闪玉制成，这种玉以白色为基调，多为半透明或微透明状，质地较为细密，具有一定的收藏价值。整套玉册一共由 16 简组成，简与简之间用金线串联，玉简之上则书写着涂以金漆的楷体册文，相比于唐玄宗封禅玉册，宋真宗时期的这套玉册上的字迹要松散一些。

宋真宗禅地玉册上所镌刻的主要是宋真宗禅地的祝祷文，多是模仿唐玄宗封禅玉册上的内容所写，所以整体表达的意思也基本相同。只不过唐玄宗的玉册上只写了135个字，而宋真宗的玉册上却写了228个字，这或许是宋真宗为了超越唐玄宗，展示大宋国威的一种"小手段"。

所谓封禅

封禅是我国古代的一种大型祭天典礼，一般多在太平盛世或是天降祥瑞之时由帝王亲自举行。早在先秦时期，我国就已经出现了封禅的传说。很多时候，帝王封禅泰山的祭典甚至要比历朝历代帝王登基典礼还要隆重。

在我国几千年的历史长河中，只有6位帝王曾前往泰山举行封禅大典（女皇武则天的封禅大典在嵩山举行），他们分别是秦始皇嬴政、汉武帝刘彻、汉光武帝刘秀、唐高宗李治、唐玄宗

▲ 唐高宗李治像

唐高宗李治是唐朝第三位皇帝，即位之初，他继续实行唐太宗制定的各项政治、经济制度，勤于政事，故而"百姓阜安，有贞观之遗风"，史称"永徽之治"。后因唐高宗健康状况不佳，政权逐步向皇后武则天手中转移。

▲ 宋　佚名　《泰山神启跸回銮图》（局部）

此幅壁画藏于中国三大宫殿之一的泰山岱庙天贶殿内，长 62 米，高 3.3 米，生动地描绘了东岳大帝出巡和返回的壮观场面。壁画以大殿分门为界，分为东西两部分：东半部为"启跸"，西半部为"回銮"。"启跸"与"回銮"场景相同，仅增加二夜叉抬虎和骆驼驮卷宗，以示出巡圆满成功。相传此图是以宋真宗封禅泰山的场景为蓝本绘制的。

李隆基和宋真宗赵恒。这前面几位帝王要么有雄才大略，要么能开创盛世，而宋代这位真宗皇帝除了在书法方面有些成就，在治国方面并没什么值得称颂的地方，那他为什么要去泰山封禅呢？

原因在于宋真宗时期"天降祥瑞",所以他要封禅泰山,感谢上天眷顾,祈求国泰民安。

事实上,所谓的"天降祥瑞"只是宋真宗和大臣自导自演的一出戏,其目的正是借封禅泰山的机会,洗刷自己与辽国签订"澶渊之盟"的耻辱。但仅靠一次泰山封禅只能让宋真宗心里多一些安慰,却并不能挽救孱弱的北宋王朝。

当然,如果没有这次自导自演的"天降祥瑞"闹剧,现在的我们也就没办法看到宋真宗禅地玉册这件国宝了。

元代杰作镇国玉器之首
渎山大玉海

国宝档案

国宝年代：元代

规格：高 70 厘米，口径 135～182 厘米，最大周长 493 厘米，膛深 55 厘米，重约 1053～1178 千克

来源：清乾隆年间被移至北海公园玉瓮亭

收藏场所：北京北海公园玉瓮亭

国宝故事

在北京北海团城承光殿的玉瓮亭中，放置着一件巨型玉雕贮酒器，其制作材料为中国十大名玉之一的独山玉，它独特壮丽的风姿吸引了大量游客前来观赏。

然而在 2004 年前，这尊石雕的由来一直无人知晓，直到 20 名国家级专家组成的鉴定委员会在历史文书中发现了"渎山大玉海"的相关记载，这个沉寂了 700 多年的谜团才被解开。

▲ 元　渎山大玉海

中国现存的最早的特大型玉雕，代表了元代玉作工艺的最高水平，意在反映元初版图之辽阔、国力之强盛。玉雕图案精美，周身是波涛汹涌的大海图案，内外有龙、鹿、猪、马、犀、螺等十几种动物图案没于海浪波涛中，形神兼备。

▲ 元　渎山大玉海（局部）

这件充满传奇色彩的国宝级玉雕在漫漫历史长河中不断沉浮,经历数百年的社会变迁传承至今,向世人诉说着历史的沧海桑田。

渎山大玉海是至元二年(1265年)由元世祖忽必烈下令制造的,完成后被置于琼华岛的广寒殿内。意大利旅行家鄂多立克曾经过北海,在《东游录》里对他在广寒殿中的见闻进行了描写,其中便提到了渎山大玉海。明末,渎山大玉海被移至紫禁城西华门外真武庙。

清乾隆十年(1745年),爱玉成痴的乾隆皇帝费尽周折,得知在真武庙找到了流落民间上百年的渎山大玉海,于是用重金将其赎回宫中,后又修建玉瓮亭将其安置其中。此宝物激发了乾隆的一大"爱好",他写了一首《玉瓮歌》刻于渎山大玉海的内壁以作纪念。

所幸,渎山大玉海躲过了清末八国联军的破坏,当年被遗留在真武庙的渎山大玉海原配石座也于20

▲元　佚名　元世祖文武皇帝像

元世祖孛儿只斤·忽必烈蒙古尊号"薛禅汗",是元朝开国皇帝。

世纪 70 年代被移到了法源寺。时至今日，我们依然能在北海公园一睹这件"镇国玉器"。

先进工艺

在制作材料上，渎山大玉海选用了我国四大名玉之一的南阳独山玉。作为我国特有玉种，这种玉质地坚韧且结构紧密，外表光滑且柔润细腻，整体颜色多样，有红、白、蓝、绿、黄、紫等多种色彩，这种多彩特性是我国其他玉种所无法比拟的。

渎山大玉海所呈现出的青绿色彩，正是这种多彩特性的典型表现，其内外雕刻的各种动物图案，则是我国传统琢玉（玉器的加工制作）工艺的杰作。

玉不琢，不成器。没有经过雕琢的玉石，与破瓦乱石几乎没什么差异。想要将一块玉石琢磨成精美玉器，便要使用一系列琢玉工艺，对玉进行加工。我国古代的琢玉工艺程序繁多，主要有相玉、剖料、定器、掏膛、雕刻、抛光等。在这些工艺流程之外，还有一些独特的传统技巧，渎山大玉海在制作时便使用了古代琢玉工艺中"量材取料"和"因材施艺"的技巧。

整个大玉海由一块黑质白章的巨型玉石雕刻而成，玉石内部被掏空，形成空腔；玉石周边雕刻有波涛汹涌的大海图案，下部以浮雕及阴线勾刻技法呈现卷曲的波浪，上部以阴刻曲线勾画出海浪漩涡作为底纹；玉石四周除海浪外，还以浮雕手法雕刻出龙、马、鹿等形态各异的动物。

从整体图案来看,渎山大玉海使用浮雕和线刻相结合的方式,完美展现了各类景物,既有波涛汹涌的海浪,又有形神兼备的动物,兼具了写实与写意,充满浪漫色彩。

渎山大玉海

渎山大玉海是我国现存最早的特大型玉雕,它开了我国大件玉雕作品的先河,对中国玉雕艺术发展产生了重要影响,在世界玉石发展史上也具有重要影响。

这件大型玉器在元明清三代典籍中都有记述,一些外国传教士甚至将其记录在自己的书中,传播到世界各地。在传承过程中,清乾隆时期曾对这件玉器进行四次不同规模的修复,乾隆皇帝还在玉石空腔中留下了御制诗词和序文,以说明这件大玉海的传承情况。

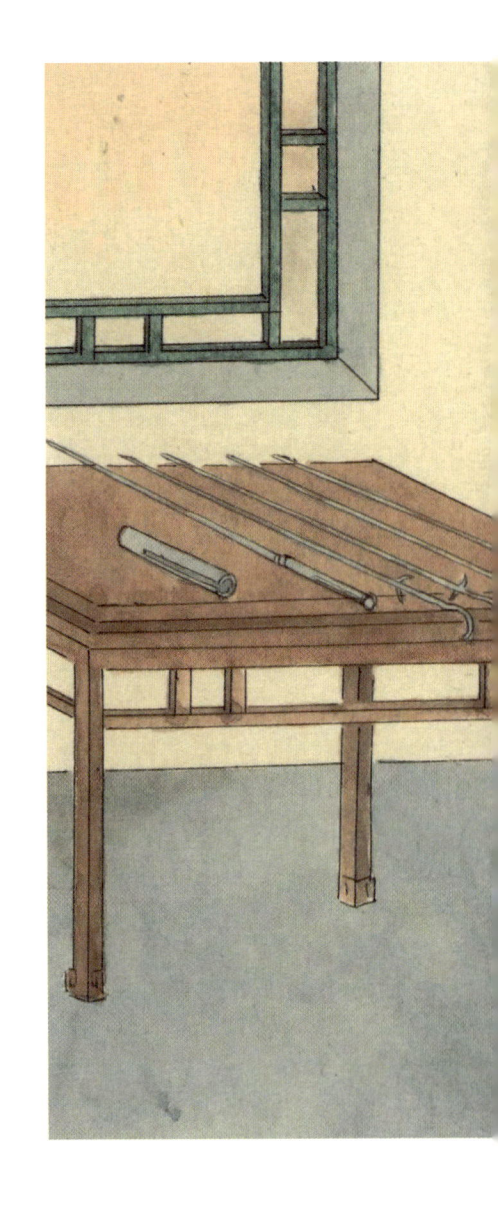

▲ 清 李澄渊 《玉作图·掏堂图说》

此图描绘的是古代玉雕工匠制玉的场景,所谓掏堂(膛),就是挖空内部。

构思巧妙的青玉杯
"子刚"款青玉合卺杯

国宝档案

国宝年代：明代

规格：高 8.3 厘米，口径 5.8 厘米

来源：清宫旧藏

收藏场所：北京故宫博物院

国宝历史

明代后期，苏州和扬州地区的琢玉行业非常繁荣，许多玉器制造的能工巧匠汇聚于此。在众多琢玉高手中，陆子刚（亦作陆子冈）是最为优秀的一个。

陆子刚自幼居住在苏州，很早便在横塘的一家玉器作坊学艺，长年累月的学习让他逐渐掌握了玉器制作技艺的精髓。在嘉靖十八年（1539年）时，陆子刚在苏州开办了自己的工坊——子冈珠宝工坊，开始制作各种玉器珠宝，从嘉靖到万历年间盛名远播，得"碾玉妙手"之称。

后世许多玉器制造人士都将陆子刚奉为琢玉业的祖师，一些喜好玉器古玩的文人还将他的故事以及文玩玉作写入自己的著作之中，进一步凸显了他在玉器制作方面的成就。其实，不止在玉器制作方面，他在镶玉嵌宝方面，也取得了很高的成就。

这件青玉合卺杯便是陆子刚最杰出的作品之一。之所以要在

▲ 明 "子刚"款青玉合卺杯

这款青玉合卺杯前加上"子刚"款的注解,是因为流传至今的青玉合卺杯并不止这一款,但这一款杯子设计得最为精美。

在设计这款青玉合卺杯时,陆子刚虽模仿了古代合卺杯的造型和图案,却并没有被古人的设计思想所束缚,而是融入了自己独具匠心的构思,创造出了新的琢玉方法。

先进工艺

这件青玉合卺杯在制作时,将凸雕和镂空两种雕刻技法相结合,构思精巧绝妙,代表了当时琢玉工艺的最高水平。

整件器物由两个圆筒杯连接而成,两个圆筒相连的一侧镂雕了一个凤形杯柄,另一侧则凸雕双螭。杯筒上下各琢有一道装饰绳纹,给人一种用绳将双筒牢固捆扎在一起的感觉,两道绳纹之间刻有一方形图章。

杯子的两侧还分别琢有凸起的文字内容:一侧杯口沿琢有"子刚制"款识,杯身有"九陌祥烟合,千春瑞日明。愿君万年寿,长醉凤凰城"的篆文诗句;另一侧杯口沿琢有"合卺杯"字样,杯身铭文为"温温楚璞,既雕既琢,玉液琼浆,钧天广乐",末署"祝允明"三字。

文化内涵

合卺杯是古代婚礼上新郎和新娘喝交杯酒时的专用杯子,现

▲ 明　"子刚"款青玉合卺杯（对面）

▲ 明　"子刚"款青玉合卺杯（局部）

此杯为双筒相连式，外饰两周绳纹，两筒间镂雕一凤为杯柄，杯前面雕双螭，并于两道绳结间雕方形饰，其上琢"万寿"二字。

▲ 清 李澄渊 《玉作图·扎碢图说》

此图风格写实，描绘的是古代玉雕工匠制玉的场景。现存于北京故宫博物院玉器馆。

代婚礼中新郎和新娘所喝的交杯酒，就是由古代"合卺酒"演化而来的。

卺指的是一种瓠瓜，味道很苦，不能食用，但把它内部掏空后，却可以用来做舀水的瓢。古代最早的婚礼，新郎、新娘在喝交杯酒时，便会用瓠瓜制成的两个瓢来饮酒。新郎、新娘共饮"苦酒"，寓意着两人在婚后能够同甘共苦。

随着社会的发展，用瓠瓜制作的瓢逐渐被淘汰，各式各样的合卺杯开始出现。战国时期的双联漆杯是用竹、木雕成的特殊酒器；西汉时期的朱雀衔环杯则是用青铜铸造的酒器；"子刚"款青玉合卺杯以及清乾隆青玉英雄合卺杯都是玉制的酒器。

合卺作为一种传统婚礼的仪式，从古代传承到今天，虽然仪式的流程和使用的酒器都发生了很大改变，但其中所蕴含的对美好生活的向往却以传统文化的形式流传至今，始终没有改变。

工艺繁复的大型玉雕
青玉大禹治水图山子

国宝档案

国宝年代：清代

规格：高 224 厘米，宽 96 厘米，座高 60 厘米，重 5 吨

来源：清宫旧藏

收藏场所：北京故宫博物院

国宝历史

青玉大禹治水图山子自 1787 年雕成后，便一直存放在故宫的乐寿堂内，距今已有 200 余年历史了。青玉大禹治水图山子采用新疆和田密勒塔山出产的青玉雕刻而成，重 5 吨。当时，光是将这块玉料完整地运送到北京城就用了 3 年。

清代有首题为《瓮玉行》的诗，描述了青玉大禹治水图山子玉料入京的场景。这种特大号玉料，需要使用轴长近 12 米的专用拉玉大车，且需 100 多匹马进行拉运。除马匹外，还有千余名役

▲ 清 青玉大禹治水图山子

该玉山是中国工艺美术史上的伟大创举，凝结了无数劳动者的智慧和汗水，其雕琢技艺更是达到了玉器制作的顶峰。玉山上雕刻着以大禹为代表的治水先驱不屈不挠、勇战水患的形象，这座玉山由此成为中国人治理洪水的不朽丰碑。

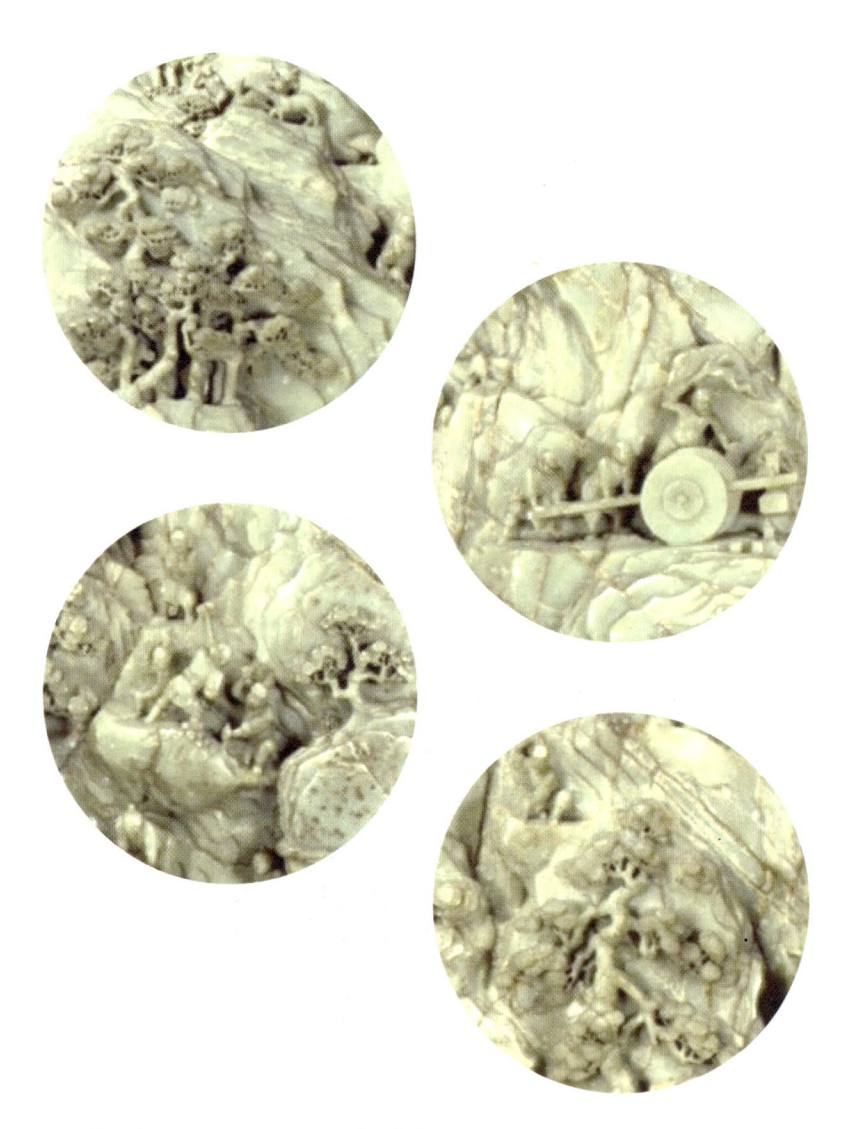

▲ 清　青玉大禹治水图山子（局部）

玉上雕刻峻岭叠嶂，瀑布急流，遍山古木苍松，洞穴深秘。在山崖峭壁上，成群结队的劳动者在开山治水，此景即用夏禹治水之故事。

夫在后面推行。夏季路程还算好走，一到冬季，泼水成冰，拉运玉料的车每日大约走3000米，其运料过程之艰难可想而知。

玉料运到北京后，内务府造办处在乾隆帝的授意下，以宫廷内收藏的《大禹治水图》为稿本设计纹样，并将纹样稿纸、木样及玉料发往扬州雕制。6年后，青玉大禹治水图山子终于雕刻完毕，并重新发往京城。

青玉大禹治水图山子到了京城后，乾隆皇帝开始苦恼了：这么大块玉雕，究竟要放到何处呢？一开始，内务府大臣拟了乾清宫西暖阁、宁寿宫东暖阁、乐寿堂正间、颐和轩西次间等五处地方，并画好纸样呈乾隆帝裁决。后来，经过反复比对，乾隆帝决定将青玉大禹治水图山子放置在乐寿堂里，同时为其配上了嵌金丝的山形褐色铜铸底座。

最后，乾隆皇帝亲笔题诗《题

▲ 宋　马麟　《夏禹王像》

禹是夏朝的第一位天子，是上古时代与尧、舜比肩的贤圣帝王。他最卓著的功绩，就是历来被传颂的治理滔天洪水，又划定九州、奠定夏朝，被后人尊称为大禹。

密勒塔山玉大禹治水图》,令造办处的刻玉匠将其御笔、御诗及两枚方章的引文刻在山背面。就这样,青玉大禹治水图山子历时10余年完全成型,并成为我国玉器中不可多得的珍贵瑰宝。

先进工艺

青玉大禹治水图山子的玉料,是产自中国新疆和田密勒塔山

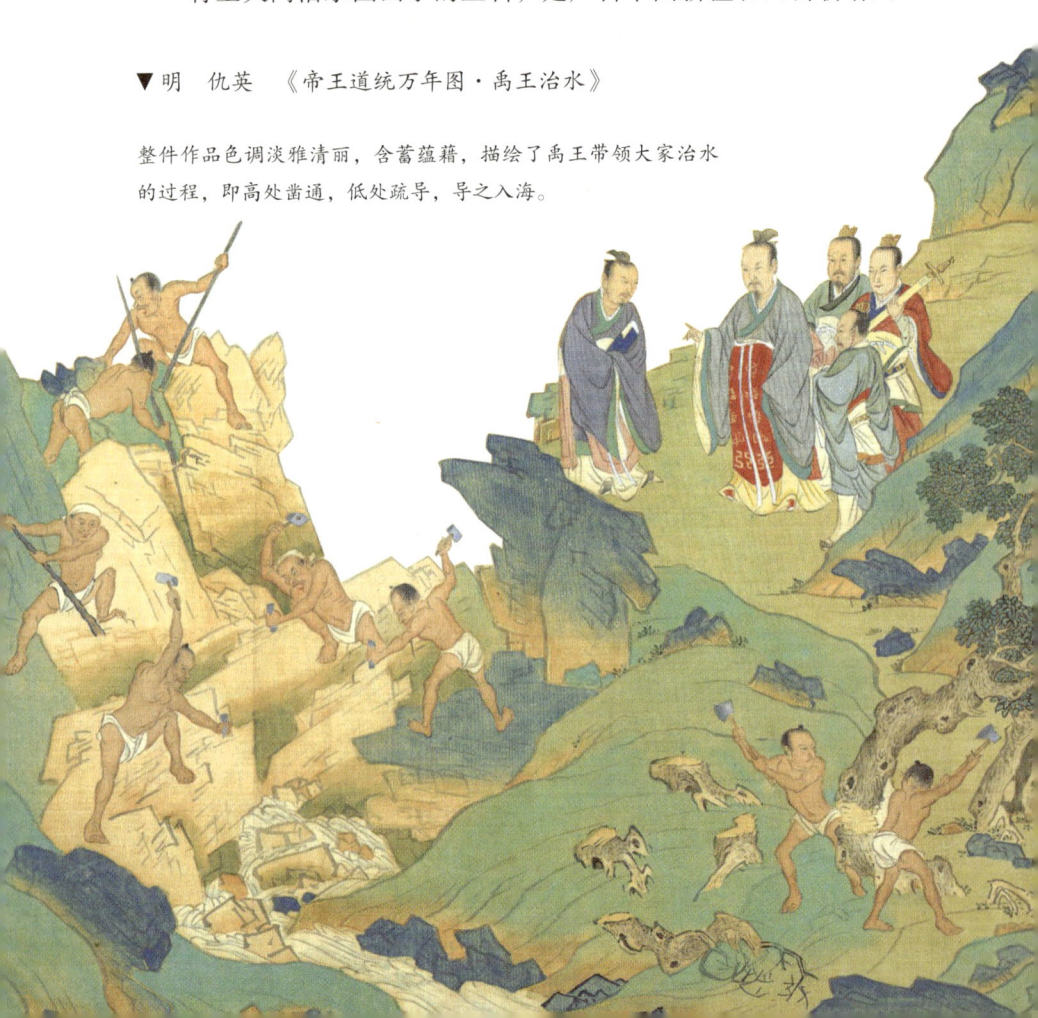

▼明　仇英　《帝王道统万年图·禹王治水》

整件作品色调淡雅清丽,含蓄蕴藉,描绘了禹王带领大家治水的过程,即高处凿通,低处疏导,导之入海。

的青玉。青玉致密坚硬，触手生凉，一直深受清朝统治阶层的喜爱。

青玉大禹治水图山子工艺精妙，玉石上雕刻的崇山峻岭、瀑布细流、苍松古木栩栩如生，成群结队的劳动者开山治水，每个人形态样貌都不尽相同。玉山正面中部的山石上，有乾隆帝十字方章的阴文篆书"五福五代堂古稀天子宝"，玉山背面的上方刻有乾隆帝御诗《题密勒塔山玉大禹治水图》，下方则有乾隆帝六字方章的阴文篆书"八徵耄念之宝"。

清朝乾隆年间的青玉大禹治水图山子，是中国玉器史上运路最长、费用最多、用料最多、用时最久、雕琢最精、体积最大、气势最宏的玉雕工艺品，一直受到世界范围内玉器爱好者的喜爱与追捧。

《大禹治水图》

《大禹治水图》是隋唐时期著名画家吴道子绘制的画作，除吴道子外，展子虔、顾恺之、周文矩等画家也都曾创作过《大禹治水图》。青玉大禹治水图山子的稿本选自宋朝版本的《大禹治水图》，可惜由于年代久远，其原作已经失传。

与其他版本的《大禹治水图》不同，用作青玉大禹治水图山子稿本的《大禹治水图》更偏重表现大禹指挥劳动人民治水的场景，这也与乾隆帝崇拜大禹功绩有关。

价值连城的乾隆玉玺
乾隆青玉螭龙玉玺

国宝档案

国宝年代：清代
规格：青玉质,正方印面,印面边长为 11.7 厘米
来源：台湾宇珍国际艺术有限公司拍卖会
收藏场所：私人收藏

惊人拍卖

2010 年,台湾宇珍国际艺术有限公司在台北举行的一场拍卖会上,有一方清朝乾隆时期的青玉螭龙玉玺令竞拍者们纷纷瞪大了双眼。

这方"乾隆青玉螭龙玉玺"的起拍价为 1200 万新台币,且每次加价的金额不得少于 100 万新台币。当这方玉玺的标价达到 1 亿新台币后,竞拍者每次加价金额则最少为 1000 万新台币。

拍卖会现场,各位竞拍者针对乾隆青玉螭龙玉玺展开了激烈

▲ 清　乾隆　青玉螭龙玉玺

的竞争，众位竞拍者互不相让，竞拍声此起彼伏。最终，这方乾隆青玉螭龙玉玺以 4.3 亿新台币的成交价落槌，被私人收藏者买走。

算上佣金，这方玉玺的价格为 4.825 亿新台币，折合约 1500 万美元。除却部分佣金外，这方乾隆青玉螭龙玉玺所得所有款项，都收归公库所有。

玉玺工艺

在目前已知的 8 方"乾隆御览之宝"玉玺中，乾隆青玉螭龙

▲ 清 墨玉交龙纽碧玉
  "钦文之玺"

▲ 清 青玉交龙纽满文
  "皇帝之宝"

▲ 清 白玉盘龙纽
  "大清受命之宝"

▲ 清 银镀金交龙纽
  "大清嗣天子宝"

▲ 清 碧玉盘龙纽
  "皇帝奉天之宝"

▲ 清 栴檀香木盘龙纽
  "皇帝之宝"

▲ 清　乾隆　白玉交龙纽
"天子之宝"

▲ 清　白玉交龙纽
"皇帝信宝"

▲ 清　乾隆　白玉盘龙纽
"皇帝尊亲之宝"

▲ 清　墨玉交龙纽
"广运之宝"

▲ 清　青玉盘龙纽
"敕正万民之宝"

▲ 清　碧玉蹲龙纽
"天子行宝"

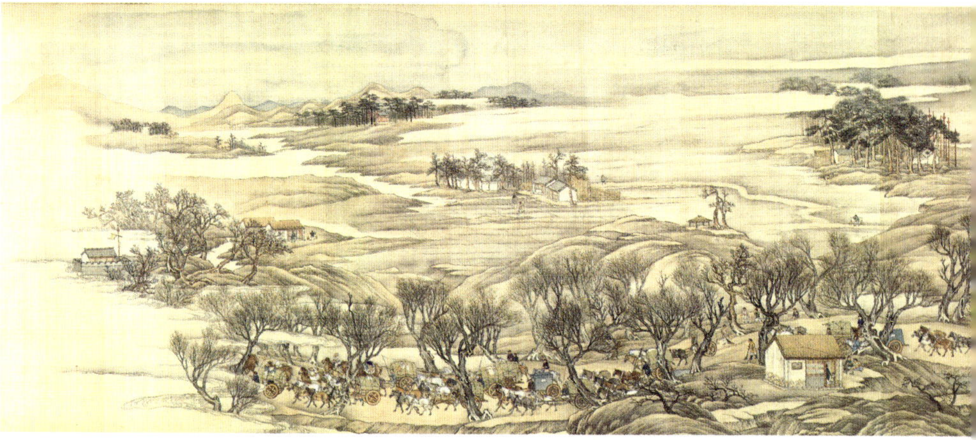
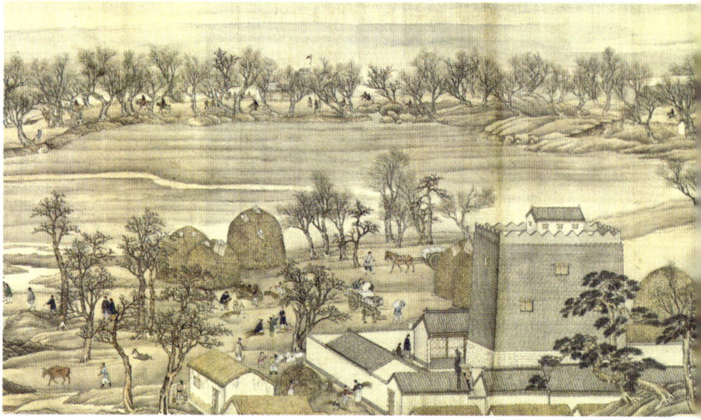
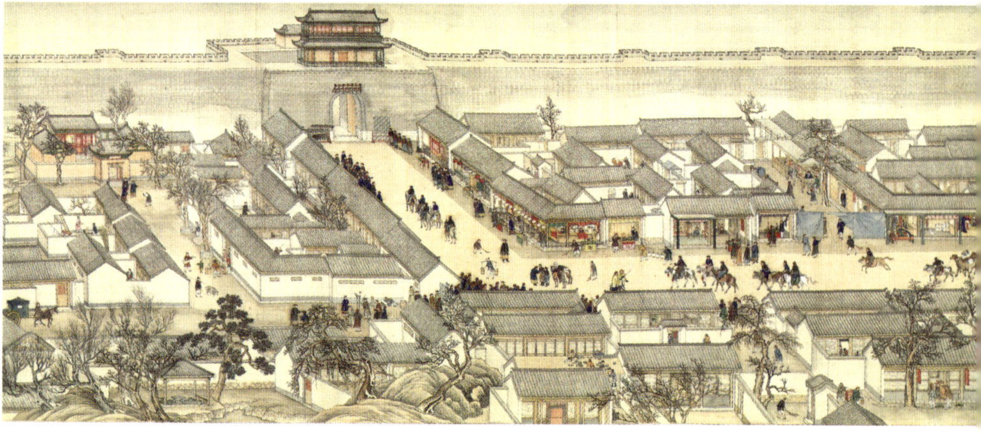

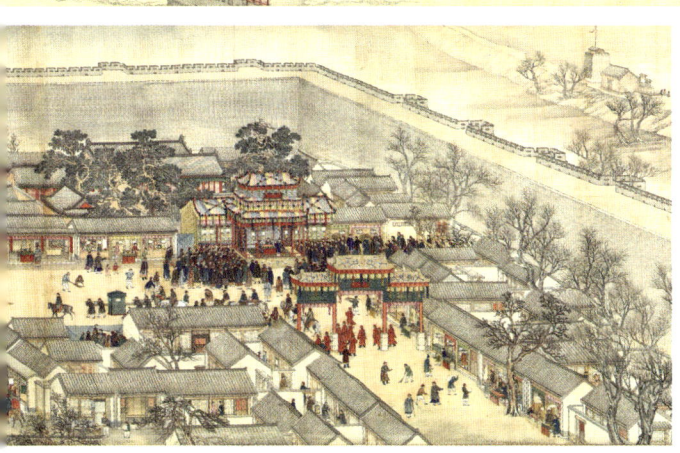

◀ 清 徐扬 《乾隆南巡图》第二卷·过德州（局部）

《乾隆南巡图》共12卷，记录乾隆皇帝南巡出京与回銮时的盛况。本卷为第二卷，描绘了南巡期间，乾隆皇帝乘八抬御辇，从山东德州附近的一座浮桥过运河的情景，同时展现了刚修整一新的德州古城。

▲ 清　乾隆　青玉交龙纽"敕正万邦之宝"

▲ 清　乾隆　青玉交龙纽"命德之宝"

玉玺是最大的一件。该玉玺的印面为正方形，其边长为11.7厘米。该玉玺为青玉质，呈三螭龙纽纹样，印面上用汉文篆书阳文书写了"乾隆御览之宝"6个大字。

　　根据《乾隆宝薮》的相关记载，以及各个博物馆对乾隆玉玺的珍藏数量看，乾隆皇帝一生所刻宝玺有1800余方，其中大半是以玉雕形式制成的。这方乾隆青玉螭龙玉玺体量相当硕大，玉质色泽通透，玉玺通体匀称，螭龙纽中的螭龙神采飞扬，体态威猛不凡。

　　制作这方玉玺的青玉籽料属和田玉的五大色系之一，青玉取"青出于蓝而胜于蓝"之意，一直是清朝皇室钟爱的玉料。这方玉玺质地温润细腻，但整体却呈现出刚劲有力之态，是上好的"帝王之玉"。

清帝玉玺

现存的玉玺文物绝大部分都是清朝的,这不仅是因为清朝皇帝钟爱玉玺,也是因为清朝之前的玉玺已经随战乱损毁了。

不过,提起清朝皇帝的玉玺,就不得不说到乾隆皇帝。乾隆帝是清朝玉玺最多的皇帝,也是最喜欢玉玺的皇帝。

清太祖努尔哈赤仅有一方明朝皇帝赐予他的满洲建州卫印;皇太极只有两方老满文刻的金印;顺治帝的印章约有 20 方,不过大多是用木头做的,比较朴素;康熙帝的印章约有 120 方,质地也比较丰富,玉、石、木各种材质都有;雍正帝的印章有 204 方,材质多为寿山石;乾隆帝的玺印有 1800 余方,比清朝其他皇帝加起来的总和还多,目前约有 300 方流失海外;嘉庆帝的玺印约有 500 方,不过,其中大部分是乾隆帝不用的闲章;道光自己做的玺印只有不到 100 方;咸丰帝仅约有 30 方玺印;同治帝仅有 20 余方;光绪帝有 70 余方;宣统皇帝则约有 50 方玺印。

艺术瑰宝

秋山行旅图玉山

国宝档案

国宝年代：清代

规　　格：高130厘米，底宽70厘米，厚30厘米，铜座高25厘米

来　　源：清宫旧藏

收藏场所：北京故宫博物院

国宝历史

1766年，乾隆皇帝在来自新疆的进贡物品中，得到一块通体呈墨绿色，晶莹剔透的玉石。这块玉料非常巨大，重达500多千克，乾隆皇帝看到玉料的第一眼，便想起了一个人，这个人就是乾隆皇帝的内廷画师金廷标。

金廷标是乾隆皇帝非常喜爱的画家，他画的白描罗汉像、乾隆古装像、山水画等都被收入清宫书画著录书《石渠宝笈》中。乾隆皇帝想将金廷标的《秋山行旅图》以玉雕的形式制作出来。

不过，玉雕的制作并没有想象中那么容易。乾隆帝让造办处的 20 多位工匠连夜赶工，可造办处工匠彼此不善于协作，每个人都有自己的想法，导致进度异常缓慢。乾隆帝无奈，只能将此玉山运往扬州，由扬州的能工巧匠进行雕刻。

在花费 1.5 万两白银后，这座巨大的玉雕才算完成。秋山行旅图玉山进入内廷后，受到了皇室成员的一致称赞。乾隆皇帝在 1770 年和 1774 年，两次题诗表达自

▲ 清　秋山行旅图玉山

此玉山经过匠师们的精心设计和巧妙安排，因材施艺，变不利为有利，利用玉材本身纵横起伏的绺纹雕琢成宛若天工斧劈的嶙峋巨石，而淡黄色的瑕斑正好表现出深秋时节山林落叶、草木枯黄的景色。玉山整体远近景物曲折有序，层次分明，将玉料的特点与雕琢的题材自然地融为一体。

▲ 清　金廷标　《乾隆皇帝宫中行乐图》（局部）

图绘乾隆皇帝一身高士衣冠，正倚栏而坐，居高临下地目视着一行款款过桥的古装女子，充满了宫廷娱乐气息。

己对此玉山的赞美。

御诗中称赞了秋山行旅图玉山的工艺之巧、妙思之精,也表达了乾隆自己对这件艺术品的喜爱之情。如今,秋山行旅图玉山收藏于北京故宫博物院,也受到了海内外人士的喜爱与称赞。

先进工艺

清代大型玉雕作品都有一个共同特点,那就是都以工匠的雕刻工艺为标准,而不以玉料材质的好坏定优劣。有些作品的玉料质地虽然不够精美,但只要工艺精美,就能成为深受人们喜爱的艺术珍品,秋山行旅图玉山正是如此。

制作秋山行旅图玉山的玉料是产自新疆的青玉,由于这块玉料有很强的石性,所以中间夹杂着不少淡黄色的斑纹,而且通体重绺,犹如冰裂,若做成首饰并不美观。玉雕工匠们经过巧妙安排与精心设计,最终将山旅图呈现在众人眼前。

这块玉材本身有纵横起伏的绺纹,这些绺纹就是天然的嶙峋巨石,根本无需人工雕琢。而玉料上的淡黄色斑点,则刚好表达《秋山行旅图》中深秋时节的山林落叶及枯黄草木,从而变瑕疵为点睛效果。这座秋山行旅图玉山景物远近有序,层次分明,匠人将玉料本身的特点与需要雕琢的题材巧妙地糅合在一起,实在是令人赞叹。

整座玉山用了约 5 年时间雕琢完成,玉山之上亭台楼阁、小桥流水、寥寥旅人、葱葱树木,有聚有散,有藏有露,让人仿佛置身其中。更巧妙的是，工匠们没有受到原画尺寸与布局的限制，而是加入了自己的想法，将长卷轴的山水画凝缩于一处，这在玉雕界也是颇为罕见的创作方法。

金廷标和《秋山行旅图》

金廷标是清朝画家金鸿的儿子，很擅长勾画山水与人物，尤其擅长白描，其画风工细，于乾隆二十五年（1760年）献画于乾隆皇帝，受到乾隆皇帝的喜爱。由于画技卓越，金廷标被乾隆选中前往内廷侍奉。在金廷标的作品中，最为出名的当属山水画《秋山行旅图》。

这幅纸本水墨画以细腻的笔触勾勒出金秋时节的秀美景色，巍峨的高山、潺潺的流水、飘落的秋叶，灵动诱人，高低起伏的崇山峻岭充满了雄浑的生命力量。这些独特景色均被刻画入秋山行旅图玉山之中，漫山遍野的苍松翠柏、千沟万壑的山岭地形都栩栩如生，崎岖山路上的行路人，嶙峋山坳中的茅草房，也被细致入微地刻画了下来。

除《秋山行旅图》外，金廷标还有许多画作受到了乾隆皇帝的赏识，并获得御题诗句。比如，"是谓善写照，传神在阿堵"便是乾隆为金廷标《放鹤图》所题诗句，"七情毕写皆得神，顾陆以后今几人"则是为《江村图》所题诗句。

象征吉祥的珍宝玉如意
白玉嵌百宝九桃牡丹福寿如意

国宝档案

国宝年代：清代
规格：长44厘米
来源：香港德馨书屋旧藏
收藏场所：私人收藏

国宝故事

如意在清朝宫廷中颇为盛行，这主要得益于清代皇帝的推崇，其中尤以乾隆皇帝最甚。乾隆皇帝不仅收藏了诸多式样的如意，而且常常赋诗吟咏。在多首名为《咏白玉如意》的诗作中，有一首写道："盈尺和阗玉，良工琢曲琼。惟坚待为错，曰白自含英。"从诗中可以看出，他非常喜欢白玉如意。为了收藏各类精美的白玉如意，乾隆不仅命宫中造办处精心制作，还大量接受地方官员的进贡，这一款"白玉嵌百宝九桃牡丹福寿如意"便是由地方官员所呈贡。

象征吉祥的珍宝玉如意：白玉嵌百宝九桃牡丹福寿如意 | 083

在清朝，凡是遇到皇帝登基、大婚、大寿，或是元旦等重要节庆日，地方官员便会向皇帝呈贡各类珍宝。清人姚元之曾述："年节王大臣呈进如意，取兆吉祥之义也。自雍正年间举行，嘉庆元年（1796年），贝勒、贝子、公等，以至部院侍郎、散秩大臣、副都统，俱纷纷呈进两分。"乾隆三十年（1765年）以后，更是历次进贡皆有如意。

乾隆时期所获如意，多九柄一套，雕刻九柄如意的材质也都是品相极佳的白玉、碧玉、玛瑙、翡翠和水晶，以这些材质为雕

▲ 清 乾隆 白玉嵌百宝九桃牡丹福寿如意

这件如意属于乾隆时期宫内的重器，白玉嵌百宝式样的九桃牡丹如意，由整块白玉雕刻而成，造型美观，用料扎实。

◀ 清 乾隆 白玉福寿如意

此白玉福寿如意色泽温润,做工精美,上雕刻有一"寿"字,寓意福寿双全。

◀ 清 乾隆 沉香木如意

此如意以沉香木为原材料制作而成,线条流畅舒展,既有欣赏之用,又可醒脑安神。

▲ 清 乾隆 白玉御制诗花卉如意

此如意上有御诗一首,手柄雕刻花卉形状,寓意尊崇富贵,是地位与身份的象征。

▶ 清 陈书 《岁朝吉祥如意图》(局部)

图中绘有孔雀蓝釉行龙长颈瓶一只,瓶中插有红梅、茶花,旁边摆放了桃花、柿子、石榴、桃子、灵芝、佛手等,寓意岁朝大吉、事事如意。作者通过描绘各种带有良好意愿谐音的物品来表达对新年的祈盼和祝福。这些具有美好寓意的事物经常被雕刻成如意,深受贵族喜爱。

雍正乙卯上元日
南樓七十有六老人陳書

▲ 清 黄杨木雕莲花如意

此柄如意长 32.8 厘米，如意柄雕作四茎扭缠状，如意首则由荷花与荷叶与一小荷苞组成，雕刻精美。黄杨木是产自我国南方的一种木料，生长百年直径才加粗一尺，其木质柔韧细密，色泽淡黄无疵，可与象牙媲美。清代地方官员进贡的木雕如意中，黄杨木如意是必不可少的。

刻原料的如意，自然是美轮美奂，价值不凡。

北京故宫博物院中现珍藏 2000 多柄如意，大多数都为地方进贡而来。这些如意造型精美，质地多样，装饰手法也多有不同。

如意工艺

白玉嵌百宝九桃牡丹福寿如意采用嵌百宝装饰工艺，有选择性地在如意上镶嵌了各式宝石牡丹秋禽纹，使如意更为富丽，在高雅华贵之上又增添不少绚丽色彩。如意执柄上还镶嵌有两处粉碧玺果、碧玉叶的桃枝与青玉叠石，看上去生动形象，十分精美。这种工艺出现于明代，在清代时更多用于家具制作领域。

如意上的装饰主要受痕都斯坦（今印度北部与巴基斯坦地区）玉器的影响，多经过精雕细琢，精美异常，优雅灵动之感显露无遗，堪称乾隆时同类如意之翘楚。

在羊脂白玉上镶嵌多种彩宝，白与彩交相辉映，呈现出较大反差的同时，更能引人注目。白玉加彩宝的搭配，也更好地展现了"百宝如意"的美好寓意，在万事如意之上，再锦上添彩，可谓"好上加好"。

美好寓意

如意，最早来自民间一种搔痒器具。在古代，如意象征着美好幸福，这使得它从最初的实用品变成了观赏品、收藏品，其制作材料的品质得到提升，身价也不断升高。

趋吉避凶是人类的本能，人们祈求平安幸福的心理常常会表现在行动上，他们会用寄托的形式来表达自己的精神愿望。比如将"苹果"看作"平安"、将"橘子"看作"吉利"等。如意也是如此，它寄托了人们如意平安、幸福如意的美好愿望，这使它成为深受上层社会喜爱的摆件。

镇院之宝

翠玉白菜

国宝档案

国宝年代：清代

规格：长 18.7 厘米，宽 9.1 厘米，厚 5.07 厘米

来源：清宫旧藏

收藏场所：台北故宫博物院

国宝故事

1925 年 10 月，北京故宫博物院工作人员在永和宫内发现了一棵翠玉白菜。这棵翠玉白菜工艺精湛，价值不菲，是难得的珍宝。工作人员经过考察，发现永和宫的主人是清朝光绪帝的妃子——瑾妃。

瑾妃是珍妃的亲姐姐，与性情温婉的珍妃不同，瑾妃泼辣任性，也没有像妹妹那样深受光绪帝的宠爱。相传这件堪称国宝的翠玉白菜，最早的主人也并非瑾妃，而是珍妃。

当年，礼部侍郎长叙的四女（瑾妃）与五女（珍妃）同时被

▲清 翠玉白菜

翠玉白菜是一种玉器雕刻,它以一块半白半绿的翠玉为原材,利用翠玉天然的色泽雕出白菜的形状。翠玉白菜不止一棵,但最著名的一棵现藏于台北故宫博物院,菜上两只小憩的螽斯虫雕得惟妙惟肖,寓意多子多孙。

▲ 清　庆宽　《载湉大婚典礼全图册》（局部）

《载湉大婚典礼全图册》完整地记录了光绪皇帝大婚的全过程，场面宏大，极尽奢华。

◀ 清　翡翠蝈蝈白菜

翡翠蝈蝈白菜的原料为天然翡翠，含有白、绿、黄三种颜色。白菜下半部分灰黄相间，有褐色斑点星罗棋布，上半部分则叶脉分明。白菜的叶片翻卷，刀法简约，形象十分逼真。玉料上部为翠绿色，工匠便在菜心处圆雕了一对肥大的蝈蝈与一只螳螂。蝈蝈与螳螂互不相扰，仿佛正沉醉于菜叶的清香中，这种和谐共生的景致，让整件作品都充满了生命活力与生活气息。

选入宫中，长叙的夫人便着手为两个女儿置办嫁妆。瑾妃喜爱金玉珠宝，而珍妃却只喜欢读书。长叙夫人见珍妃的嫁妆太过单薄，便将翠玉白菜放入珍妃的嫁妆中。

入宫前一晚，瑾妃发现珍妃的嫁妆中有一件如此珍贵的翠玉白菜，当即便闹了个鸡犬不宁。为了息事宁人，珍妃便主动提出将翠玉白菜赠予姐姐做嫁妆。

不过，得到宝贝的瑾妃虽然对其爱不释手，但奈何她并不明白翠玉白菜"清白恬淡"的寓意。她将其种在珐琅花盆中,下面还种了一朵小灵芝,让原本十分高雅的玉器只能在世俗感十足的珐琅花盆中,令人扼腕叹息。

后来,中国陷入数十年的战乱中,这件珍贵的国宝在经过多年的辗转流离后,最终留在了台湾省。1965年11月12日,台北故宫博物院正式成立,这件翠玉白菜被收入台北故宫博物院珍藏。

先进工艺

在发音上,"白菜"与"百财""摆财"谐音,故而有发财、聚财、招财、财源广进的寓意,是有钱人家身份、地位、财富的象征。白菜的叶子层层包裹,也有"包你发财"的美意。中国自古便有"白菜豆腐保平安"的说法,所以,白菜摆件又有平安健康、平安有福的意思。古人喜欢将温润的玉与谦谦公子联系在一起,而白菜的叶子白绿相间,寄寓着清清白白、两袖清风、堂堂正正的君子观念。

在清朝,白菜除却"摆

▲ 清 翠玉白菜

▲ 清　翠竹节式佩

此佩之翠色与竹之天然色泽较为接近，作者以竹为题材，体现出设计的精妙。翠玉象征君子之德，而竹又为梅、兰、菊、竹"四君子"之一，此佩恰合皇帝自喻为仁政之君之意。

▲ 清　青玉三足带盖尊

此尊玉质温润，色泽明丽，器形圆润顺滑，简约古朴，素净淡雅，尽显碧玉之精纯美质，具有浓厚拙朴的厚重感。

财""招财"等寓意外，更多的是象征家世清白。以翠玉白菜为嫁妆，也能表明新娘性情温良纯洁。我们可以从清王朝留下的服装、织锦等文物中看出，清朝王室比较流行田园风情，而这件翠玉白菜正好是当时审美风潮的表现。

从整体看，此件翠玉白菜的玉材为半白半绿型。值得一提的是，